青蔵高原東部の
チャン族とチベット族

【写真篇】

2008汶川地震後の再建と開発

松岡正子
Masako Matsuoka

あるむ

はじめに

　本書は『青蔵高原東部のチャン族とチベット族——2008汶川地震後の再建と開発』の写真篇である。論文篇と同様に第Ⅰ部「チャン族」と第Ⅱ部「四川チベット族」からなる。

　第Ⅰ部「チャン族」は、1988年から2016年までの写真を地域別に編集し、改革開放後のおよそ30年間の変化を示した。定点調査を行った四川省阿壩蔵族羌族自治州の茂県雅都郷と理県蒲渓郷では1990年代後半から変化が表面化したが、それはチャン族地区全体における傾向でもあった。1990年代前半までについては、茂県県城での第1回羌年（1988年）や茂県雅都郷の春節、火葬（1989年）、理県蒲渓郷のガル（1994年）および日常生活の写真から、大きな変化がおきる前のチャン族社会の様子がうかがわれる。

　2000年代にはいってからの主な変化は、阿壩蔵族羌族自治州政府主導の観光開発、経済作物の交代、出稼ぎの恒常化などを背景とした農民の現金収入の増加、農村部の現代化である。それは、2008年5月12日の汶川地震後の復興と再建によってさらに加速した。特に、シンボル化された新しいチャン文化を観光資源とした民族観光開発は、汶川県や茂県、新北川県の各県城の外観を一新し、チャン族地区全体に及んでいる。その一方で、被災後の移住奨励策に

よって高山部の村落は次々に解体が進んで空洞化し、高山部でかろうじて保持されてきた伝統的なチャン文化やチャン語は消滅の危機に瀕している。被災後のチャン族地区の変化は、全国の農村部においても同様にすすむ現代化や空洞化、老齢化、伝統文化の衰退などの過程を示す典型的な事例である。

　第Ⅱ部「四川チベット族」は、主に1990年代から2000年代前半までの写真を集団ごとにまとめた。四川西部の蔵彝走廊地区に居住するギャロン、白馬、ナムイ、アルス、シヒン、プミの各チベット族だけではなく、同地区の延長上にある雲南省のプミ族および四川省と雲南省のナシ族も収めた。2000年代前半まではなお旧来の姿がかなり残っており、蔵彝走廊地区のチャン族からナシ族に至るまでの諸集団において、祭山会や白石信仰、日常生活などに高い類似性がみられることがわかる。

　近年、四川チベット族諸集団においても道路の整備などが少しずつ進み、ギャロン・チベット族地区では観光開発に力が入れられている。その動きはチャン族地区の被災後の激変に比べてなお緩慢ではあるものの、観光産業の発展とともに今後大きく進展することが予想される。

＊本書の地名は原則として調査・撮影当時のものを用いた。

I チャン族

- 各地の羌族 … 10
- 茂県 … 14
  - 雅都郷 … 14
    - 赤不寨村 14　赤不寨村小瓜子 24
    - 赤不寨村大瓜子 34
    - 赤不寨村新大瓜子 38　通河壩村 42
    - 大寨村 44　俄俄村 46
    - 木魚村雲紅新寨 47　木魚村木魚新寨 47
    - 旧維城郷 48
  - 県城（鳳儀鎮）… 50
  - 鳳儀鎮 … 54
    - 坪頭村 54　南庄村 56
  - 黒虎郷 小河壩村 … 58
  - 三龍郷 納呼村 … 60
  - 渭門郷 渭門村 … 61
  - 曲谷郷 河西村 … 62
  - 太平郷 太平村 … 63
- 理県 … 66
  - 蒲渓郷 … 66
    - 蒲渓村 66　河壩村 81
  - 甘堡郷 熊耳村 … 82
  - 理県〜小金県 … 83
  - 桃坪郷 桃坪村 … 84
- 邛崍市 … 86
  - 油榨郷 直台村 … 86
  - 南宝郷 … 90
    - 木梯村 90　金花村 91
- 汶川県 … 92
  - 県城（威州鎮）… 92
  - 威州鎮 布瓦村布瓦寨 … 93
  - 映秀鎮 … 94
  - 綿虒鎮 羌鋒村 … 95
  - 雁門郷 蘿蔔寨村 … 96
  - 龍渓郷 … 100
    - 龍渓村 102　阿爾村・羌人谷 103
- 北川羌族自治県 … 104
  - 旧県城 … 104
  - 擂鼓鎮 吉娜羌寨 … 106
  - 禹里鎮 … 107
  - 新県城（永昌鎮）… 107
  - 青片羌族蔵族郷 上五村 … 108
- 平武県 … 109
  - 平通鎮 牛飛村 … 109
- 松潘県 … 110
  - 小姓郷 … 110
    - 旧小姓 110　新小姓村 111
  - 県城（進安鎮）… 111
- 黒水県 … 112
  - 瓦鉢梁子郷 瓦鉢村 … 112
  - 色爾古郷 色爾古村 … 122
  - 麻窩郷 西爾村 … 124
  - 県城周辺 … 125

四川チベット族

◆ ギャロン・チベット族　128

- 理県上孟郷　128
  - 塔斯村　132
- 馬爾康県松崗鎮　150
  - 松崗官寨　150　直波村　152
- 馬爾康県卓克基郷
  - 卓克基官寨・西索村　154
- 丹巴県梭坡郷　莫洛村　156
- 丹巴県中路郷　克格依村　160
- 丹巴県聶呷郷　166
  - 甲居一村　166　甲居二村　168　甲居口　170
- 康定県六巴郷〜麦崩郷　172
- 丹巴県巴底郷〜金川県馬爾邦郷　174
- 馬爾康県県城〜丹巴県　177

◆ 白馬チベット族　182

- 平武県白馬蔵族郷　182
  - 羅通壩村　182
- 南坪県勿角郷　下甘座村　194

◆ ナムイ・チベット族　196

- 冕寧県聯合郷　196
  - 庄子村　196　木耳村　198
- 九龍県子耳彝族郷　万年村　206
- 木里蔵族自治県倮波郷　乾海子村　210
- 石棉県蟹螺蔵族郷　蟹螺堡子　214

◆ アルス・チベット族　217

- 漢源県県城　217
- 冕寧県和愛蔵族郷　廟頂村　218
- 冕寧県回坪郷　許家河村　224
- 越西県保安蔵族郷　平原村　226

◆ シヒン・チベット族と西番　232

- 木里蔵族自治県水洛郷　232
  - 平翁村（シヒン）232　東拉村（西番）236

◆ プミ・チベット族　238

- 木里蔵族自治県桃巴郷　桃巴村　238

◆ 雲南のプミ族　242

- 蘭坪白族普米族自治県河西郷　箐花村　242
- 蘭坪白族普米族自治県城（金頂鎮）248

◆ 四川のナシ族　254

- 木里蔵族自治県俄亜納西族郷　俄亜村　254

◆ 雲南のモソ人　268

- 寧蒗彝族自治県永寧郷　落水村　268

◆ 雲南のナシ族　274

- 麗江納西族自治県太安郷　汝寒坪村　274
- 香格里拉県三壩郷　東壩村　277

はじめに　2　　調査地一覧　6

▶調査地一覧

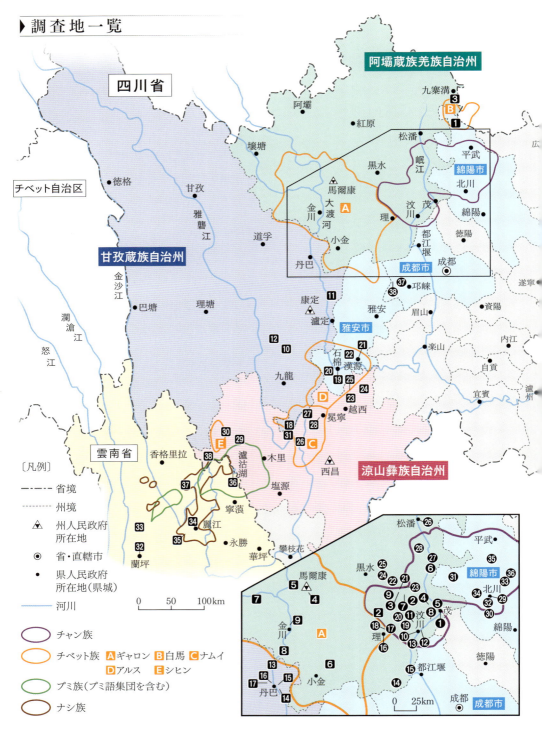

チャン族

阿壩蔵族羌族自治州			
茂県	❶	県城	1988, 2008, 2014, 2016
		鳳儀鎮坪頭村	2011, 2014
		鳳儀鎮南庄村	2014, 2016
	❷	三龍郷	1988
	❸	雅都鎮	1989, 2011, 2014, 2016
	❹	黒虎郷	1991, 2008
	❺	渭門郷	1994
	❻	太平郷	2011
	❼	曲谷郷	2011
	❽	南新鎮	2010, 2014
	❾	維城郷	2014 *被災後雅都郷に併合
汶川県	❿	県城	2008, 2010
		威州鎮布瓦村	2010
	⓫	龍渓郷	1989, 2008, 2010
	⓬	雁門郷	1991, 2008, 2010
	⓭	綿虒鎮	1991, 2008, 2010
	⓮	三江鎮	1991 *旧三江口郷
	⓯	映秀鎮	2008, 2010
理県	⓰	県城	2008
	⓱	蒲渓郷	1993, 1994, 1996, 2002, 2008, 2010
	⓲	甘堡郷	2002
	⓳	桃坪鎮	2008, 2015
	⓴	木卡郷	2015
黒水県	㉑	瓦鉢梁子郷	1989, 2016
	㉒	維古郷	1991
	㉓	色爾古鎮	1991, 2016
	㉔	麻窩郷	1991, 2016
	㉕	知木林郷	2016
松潘県	㉖	県城	2016
	㉗	鎮坪郷	1988
	㉘	小姓郷	2016
綿陽市			
北川羌族自治県	㉙	旧県城	2008, 2009, 2016
	㉚	新県城	2016
	㉛	青片郷	1991
	㉜	擂鼓鎮	2009, 2016
	㉝	桂渓鎮	2009
	㉞	禹里鎮	2016
平武県	㉟	平通鎮	2016
	㊱	鎖江羌族郷	2016
成都市			
邛崍市	㊲	油榨郷直台村	2012
	㊳	南宝郷木梯村	2012
		南宝郷金花村	2012

四川チベット族

綿陽市			
平武県	❶	白馬蔵族郷	1991
阿壩蔵族羌族自治州			
理県	❷	上孟郷	1995
九寨溝県*1	❸	勿角郷	1991
馬爾康県	❹	卓克基鎮	1990, 2015
	❺	松崗鎮	1990, 2015
小金県	❻	結斯郷	1990
金川県	❼	観音橋鎮	1990, 1997
	❽	馬爾邦郷	1997
	❾	沙耳郷	1997
甘孜蔵族自治州			
康定市	❿	貢嘎山郷	1994 *旧六巴郷
	⓫	麦崩郷	1994
	⓬	沙徳鎮	1994
丹巴県	⓭	巴底鎮	1997
	⓮	梭坡郷	2015, 2016, 2017
	⓯	中路郷	2015, 2016, 2017
	⓰	聶呷郷	2015
	⓱	革什扎郷	2015
九龍県	⓲	子耳彝族郷	2004
雅安市			
石棉県	⓳	県城	2016
	⓴	蟹螺蔵族郷	2016
漢源県	㉑	県城	2016
	㉒	河南郷	2016
涼山彝族自治州			
越西県	㉓	保安蔵族郷	2016
甘洛県	㉔	県城	2016
	㉕	蓼坪郷	2016
冕寧県	㉖	聯合郷	1994, 2004
	㉗	和愛蔵族郷	2004
	㉘	回坪郷	2004
木里蔵族自治県	㉙	瓦廠鎮	2001 *旧桃巴郷
	㉚	水洛郷	2001
	㉛	俫波郷	2004

プミ族

怒江傈僳族自治州			
蘭坪白族普米族自治県	㉜	県城	2001
	㉝	河西郷	2001

ナシ族

麗江市*2			2000
	㉞	古城区	1995, 2004
玉龍納西族自治県	㉟	太安郷	1995
寧蒗彝族自治県	㊱	永寧郷	1995, 2004, 2014
迪慶蔵族自治州			
香格里拉市*3	㊲	三壩郷	2004
涼山彝族自治州			
木里蔵族自治県	㊳	俄亜納西族郷	2007

本調査地一覧の地名は中華人民共和国国家統計局（2015）による。
*1 旧名は南坪県、1998年に九寨溝県に改名。
*2 旧名は麗江納西族自治県（㉞・㉟）、2001年に麗江市となる。
*3 旧名は中甸県、2001年に香格里拉県に、2014年に香格里拉市となる。

茂県黒虎郷小河壩村

I

チャン族

各地の羌族 | 1988

羌年

1988年、阿壩蔵族羌族自治州政府は農暦10月1日をチャン族の新年「羌年」と制定し、茂県県城で各地区のチャン族を集めて祝賀会を開いた。

茂県黒虎郷
「万年孝」
英雄楊将軍を記念した白布の頭布

茂県黒虎郷
「羊皮褂褂」(山羊皮のベスト)と
「雲雲鞋」(雲紋を刺繍した布ぐつ)

シピ(シャーマン)　茂県曲谷郷

男性は腰に「鼓肚子」(ポシェット)をつける

理県蒲渓郷　　「領褂子」（ベスト）と「囲腰」（エプロン）を着て銀牌をさげる

各地の羌族　11

茂県雅都郷
男性は頭に羽根をさす。
長上着には雲紋、万字格、
「狗牙」などの紋様がある

茂県雅都郷　「一匹瓦」とよばれる女性の黒の頭布

汶川県雁門郷　　伝統的な「羊角花」紋様を刺した「囲腰」

汶川県龍渓郷　　女性は数mの白の頭布を頭にまく

松潘県鎮坪郷　　胸にさげた銀牌

各地の羌族　13

● 茂県雅都郷　● 赤不寨村 | 1989

赤不蘇河沿いの山腹斜面に碉房が並ぶ

雅都郷は茂県北西部の海抜1780～4664mの高山峡谷地帯にある。

碉房の屋上や窓枠に置かれた白石

屋上のナサ。白石や枝、山羊角をおき、柏香樹（ヒノキ科の常緑樹）を燃やして山神を祀る

山上のナサ。祭山会で山神を祀る

ナサのある山上の祭壇

鉄鍋で米飯を炊く

山羊毛から糸を縒る

路上で特産の茂汶リンゴを売る　　収穫したリンゴを集団で出荷する　　日常の食事は主食の饃饃、酸菜、猪膘

刺繍をする母と娘

地産のソバ粉から
ソバをつくる

水で溶いたトウモロコシ粉を
鉄板で焼いて饃饃をつくる

湯を足しながら竹製の管でチンクー酒を飲む

軒下につるした猪膘（豚の乾燥肉）

茂県雅都郷　17

春節

陳丁家は妻と2男2女の6人家族

大晦日の夜、門神に線香をあげて祀る

27年後の陳丁家。子供たちはみな結婚して県城に住み、4人の孫がいる。陳夫婦は末子一家と暮らす（2016）

紙銭を燃やして祖先の霊を慰める

お世話になった漢族のおばあさんに年始の挨拶にいく

手土産は鶏と白酒

正月初一の墓参り。饃饃を供え白酒をまく

紙銭を燃やして叩頭する

陳一族、正月には長男の陳丁家から順に毎晩食事に招く

一族団欒の春節の宴。食材は自家製の猪膘、香腸（腸詰め）、ヤク肉、鶏

神棚の前でチンクー酒を
竹製の管で飲む

食事の準備には一族の若者が
手伝いにくる

茂県雅都郷

酒を飲むと囲炉裏の周りで鍋庄舞が始まる

宴席は、男性、女性、子供に分かれる

正月初五、村の男性たちが広場に集まり、ノロの人形を銃で撃って年占をする

トウモロコシ粉でノロの人形をつくる

斜面にノロ人形と白酒を山神にささげて一年の豊作を祈る

ノロ人形を銃で撃ち、命中した数や形から作物のできを占う

茂県雅都郷

赤不寨村小瓜子 | 1989

火葬

❶遺族が村の入口で
舅舅（母方のおじ）の一行を迎える

❷遺体は居間の一角に置いた椅子に顔を西向きにして座らせる。足は猪膘や食糧をふませる

❸1989年2月に亡くなった女性（50代）の実家から駆けつけた女性たち、チンクー酒、猪膘、太陽饃饃などを背負って、泣きながら村に入る

❹死者の長男らが遺体を椅子ごと火葬場に運ぶ

❺生前、親のために子供が準備する死者の小屋

❻死者をおくる行列
先頭は紙銭をもち泣きながら歌う女性たち、供物をもつ男性たち、楽隊が続く

茂県雅都郷

❼小屋の周囲に薪を積む。薪は各戸が一束ずつ供出する

❽食糧などの供物をおくる

❾女性たちは死者に叩頭し、ひとしきり泣く

❿死者との最後の別れ

⓫遺体の周囲に薪を置き、油をかける

⓬火葬執行時に女性は火葬場に近づくことはできない

⓮舅舅が小刀を持って死者を讃える言葉をのべる

⓯一族には専用の火葬場がある。
族外者、養子、凶死者は使用不可

⓭死者の長男が点火する

❶❻広場では男性たちが死者を讃える英雄の舞を踊る

❶❼火葬を執行する男たちはチンクー酒を飲み送魂の歌をうたう

❶❽火葬には4〜5時間かかる。骨灰は拾わない

茂県雅都郷

❶❾火葬を執行した者は、死者の家の前で火をまたぎ水で手を清めて死の穢れをおとす

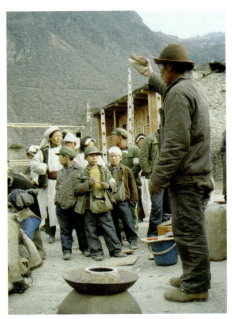

❷⓿葬儀をしきる者が各戸から贈られた猪膘や饃饃を紹介する

①

②

❷❷弔問客への答礼宴に喪主側が用意したもの　①牛肉　②ゆで卵やクルミ、リンゴ、豆など

❷❶弔問客から贈られた猪膘、饃饃、白酒、せんべい等多いほど盛大な葬儀だと評価される

㉓喪主側は弔問客にお礼として針や糸、タバコ、アメ、クルミ、リンゴ、6種の穀物と豆類を配る

㉔答礼宴の準備は村の若者が担う

㉕参列者は男女に分かれて食事する

茂県雅都郷

● 赤不寨村大瓜子 | 2014, 2016

被災後、雅都郷では高山部から多くの住民が河谷や県城に移住し、高山部の4村が解体した。

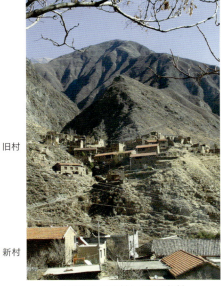

旧村

新村

山腹にある旧村と河谷の新村

赤不蘇河上流の山壁に
修復された観音廟

旧村。無人の碉房が残る

旧村に残された
屋上のナサ

茂県雅都郷　35

経済的事情により旧村に残った住民
1階で家畜を飼い、人が居住する2階には中央の囲炉裏にシミ(鉄製の五徳)、入口の反対側に神棚がある

ソバ粉を麺にし、ゆでてトウガラシなどの調味料をからめる
新村の新しい家屋に移っても生活習慣や食物はかわらない

ジャガイモを搗いて団子にし、すいとんをつくる

土匪の襲撃に備えた屋内の堅固な校倉型倉庫。アヘンや食糧を貯蔵した

空家となった旧村の碉房

茂県雅都郷

● 赤不寨村新大瓜子 | 2016

新婦家の門前にテントをつくる

婚礼前夜、新婦家が宴を開いて村人を招く。山羊肉とチンクー酒を飲食し、鍋庄舞を踊る

婚礼

❶
新婦家

新郎隊が新婦の部屋に行こうとするのを新婦側が阻止する

新郎が車で新婦を迎えにくる

新郎が新婦側の子供たちに
紅包（ご祝儀）をまく

新婦のくつを隠して
新郎に捜しださせる

新郎隊を迎える宴

新婦が実家を出る。新郎側が黒水チベット族であるため衣装はチベット式

つきそいの娘が太陽饃饃を背負って先頭をいく

村人に「猪湯」をふるまう

新婦の舅舅（母方のおじ）が祝詞をのべる
卓上には半身の猪膘と太陽饃饃を置く

新婦側の親戚がハタを新郎新婦に贈る

新郎新婦が県城の新郎宅に到着

客を迎える

❷ 新郎家

新郎の母が新婦に
指輪や胸飾り、耳飾り、
腕輪を贈る

新郎の両親に拝する

新婦の友人たちが、子供の誕生を祈って
新夫婦のベッドに落花生をまく

レストランを貸し切って行われた婚礼の宴

新郎新婦の挨拶

❸ 婚礼宴

新郎は新婦の両親に
新婦は新郎の両親に
茶を献上する

新婦にハタを贈る

新婦側客として参列した陳一家
女性の正装はチベット式とチャン式

● 通河壩村 | 2011, 2014, 2016

雅都郷は人口約3000人（2010）。赤不蘇河の峡谷に8つの行政村がある。
河谷部に通河壩（郷政府所在地）と赤不寨、高山部に雅都、大寨、四寨、木魚、俄俄、俄口がある。

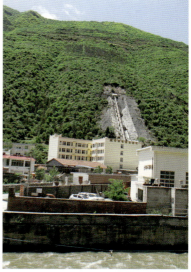

塩化工場にかわって水力発電所が
建設された（2016）

赤不蘇河上流で2009年に操業を始めた塩化工場
排煙や汚水で住民や農作物に大きな被害をあたえたため、
数年後に操業を停止した（2014）

1990年代まではリンゴやサンショウが特産であったが、樹が老化したため、郷政府の指導でワイン工場と提携し、2003年からブドウ生産基地となった

ブドウは協同で収穫し、合作社から協同出荷する

2010年代初期はブドウ生産の成功で通河壩村には商店や旅館ができ活気があった

● 大寨村 ｜ 2014

大寨村は海抜2300～2800ｍの山腹にある。
65戸、約250人（2014）で、このうち60戸が戸籍を残したまま県城などに移住した。

2009年に郷政府までの道路が舗装された

住民の移住でほとんどの家屋が空き家になった

村幹部が交代で旧村に駐在する

王村長一家

旧居には神棚がそのまま残る

村の水源で水神を祀る

水源の上方に山神を祀る祭壇がある

農暦4月15日水神祭には移住した住民が村にもどる

祭山会では牛を犠牲にする

茂県雅都郷

● 俄俄村 | 2014

俄俄村は海抜約2000mで、77戸、302人。被災後、半数が県城に家を購入して移り、空家が増えた。

水桶を背負う

被災後、家屋が修復され、組内の道も舗装された

郷政府はサンショウにかわって
青脆李の栽培を奨励している

● 木魚村 | 2014

木魚村には雲紅寨と木魚寨があり、ともに政府主導で郷内に全村移住した。
畑は旧村にあるので時々耕作にもどる。青壮年はみな出稼ぎにいく。

木魚村雲紅新寨

家屋のみで畑はない

若者の姿はない

木魚村木魚新寨

村には老人と幼児だけが残る。出稼ぎ者は
葬式や春節前の村民大会に帰村する

山の中腹に建設された木魚新寨

茂県雅都郷

● 旧維城郷 | 2014

維城郷は平均海抜が2500 m以上で、被災後住民の90％が戸籍を旧村に残したまま麓や県城周辺に移住した。被災後、雅都郷に併合された。

> 復興と移住

高台にある石碉

村に残る老婆。饃饃は日常の主食

麺をつくる

門神を祀る

被災後、家屋や道路が再建されたが現在はほとんど誰も住んでいない

茂県雅都郷

● 茂県県城（鳳儀鎮）
2008, 2014, 2016

被災
2008

プレハブ校舎で学ぶ鳳儀小学校の児童たち

被災後、1994年創設の「羌寨繍荘」は、女性たちに商品用の羌繍（チャン族の刺繍）を講習し、数百名の女性が経済収入の道を得た

碉房型に再建されたホテル

復興
2014

新県城は商業区、文化公園区、古羌城区
の3つの空間に分けて整備された

商業区入口に再建された
茂州の城門

羌繍街。商業区の一角に
茂県内外のチャン族女性
が集まって自家製の羌繍
商品を売る

観光開発
古羌城
2016

古羌城

被災後、農暦5月5日に県城で行われるようになった曲谷郷の瓦爾俄足節

古羌城の文化広場では毎日開門時にチャン族各地の踊りの名手が鍋庄舞を演じる

チャン族の伝統的スポーツ「推杵」(棒引き)

官寨
(土司の役所兼居宅)

古羌城にはチャン族の祖とされる炎帝、大禹、西夏王を祀る3つの廟がある

大禹像

大禹廟

● 茂県鳳儀鎮

● 坪頭村 | 2014　　被災後、政府の援助をうけて羌族民俗観光村に変貌した。

　　　　　　　　羌笛　　　　　　口弦

神を祀る祭祀塔。定期的に理県蒲渓郷からシピ（シャーマン）を招く

蒲渓郷のシピ。観光客用に祭祀のショーを行う

観光用に石碾や碾房が新設された

村公認のガイド

地元の漢方薬材やサンショウを観光客に売る

観光客用の羌繡をつくり、現金収入を得る

村には専業農家もいる

● 南庄村 | 2014

移住

街並みが整備された県城と移民の
家屋が乱立する周辺の南庄下村

県城周辺の農地が移民の宅地に
転用されている

南庄上村には1950年代の移住者が多く住み
青脆李の栽培で富農になった（2016）

娘を県城の小学校に入れるために
移住してきた黒水チベット族。
2012年に土地を購入、2014年に
建物が完成し、内装はこれからする

太清宮の観音会(農暦2月19日)に女性たちが参拝する(南庄下村)

門外で紙銭を焼く

観音菩薩に参る

太清宮に集う漢族とチャン族の女性たち

観音菩薩に祈る

茂県黒虎郷 小河壩村 | 1991, 2008

| 1991 | 黒虎郷は海抜 2 千数百 m、人口約2400人、ほぼチャン族（2005）。かつて土匪の襲来にそなえて一族単位で石碉を造った。鷹嘴河古碉群は省級保護文物に指定されている。 |

10数基あったうち7基が残る

家屋に隣接する家碉

石碉は多くが5、6層。1層の建設に
1か月かかり毎年1層ずつ増やした

頭布は楊将軍の白馬を模した「万年孝」

女性は羌繍の腕前で評価される

2008

地震で壁に亀裂が入った石碉

地震で2階がぬけおちた碉房

被災の後片づけをする一方で、トウモロコシの耕作は例年通り行われた

臨時のプレハブ校舎。横には建設中の新校舎がある

住民は崩れた家屋のレンガをそのまま再建に利用した

茂県三龍郷 納呼村 | 1988

三龍郷は海抜2千数百m、村民のほとんどがチャン族（2005）。六角形の紅軍碉が残る。

改造型の碉房。後方と側面を伝来の石積み壁で囲み、前面は木材を多用して各層に窓をつけ採光をよくしている

閉鎖型の碉房。1階の入口を閉めれば外部とは遮断される

穀物置き場に置かれた棺。親が60歳を過ぎたら子供が用意する

農閑期には藁と家畜の糞から堆肥をつくる

玉米蒸蒸（トウモロコシの粥）をつくる

茂県渭門郷
渭門村 | 1994

渭門郷は平均海抜1900 m、95%がチャン族（2005）。

葬儀

シピに率いられた男性たちが葬儀で演ずる喪葬の舞

上から双面羊皮鼓、単面羊皮鼓、響盤、冠

茂県曲谷郷 河西村 | 2011

曲谷郷は海抜 2 千数百 m。人口2457人、ほぼ全員がチャン族（2005）。
農暦 5 月 5 日の瓦爾俄足節が有名。

復興

山腹斜面に点在する碉房

家屋に隣接した古碉

家屋屋上のナサ

野菜を出荷する

家碉

神棚は漢族式

茂県太平郷 太平村 | 2011

旧村は平均海抜2500m。564戸、2648人、チャン族71％、回族25％（2005）。被災後、山腹から河谷に全村で移住。

新村建設

太平郷完全小学校に通う児童たち

山腹の旧村から全戸が河谷に移住

屋上のナサ

碉房を建てる

新しい碉房。切妻型の瓦屋根がつく

男性多声部民歌を歌う民間伝承人

羌繍

トウモロコシの葉をはがす

酸菜（漬物）作り

麻布を織る。布を10m余り張る

茂県太平郷

● 理県蒲渓郷　　● 蒲渓村 ｜ 1993, 1994, 1996, 2008

蒲渓郷は、チャン族居住区最西端の山腹に位置し、平均海抜2千数百m、ほぼ全員がチャン族。北部方言が日常語として使われ、伝来の習俗が残る。

1993–1996

屋上のナサ。白石と竹枝を置く

海抜2600mの山腹斜面に碉房が砦のように密集する

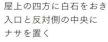

屋上の四方に白石をおき入口と反対側の中央にナサを置く

深い谷に面した急斜面にある集落

廟の広場に集まった村人。中年以上の男女は民族服を着る

村の入口にある共同の水場

家屋の間は屋上に板をわたして往来する

1階は畜舎、2階に人が居住する
青葉は干して酸菜をつくる

屋上の屋根付きの一角でサンショウを乾かし、トウモロコシを貯蔵する

理県蒲渓郷

漢族式とチャン族式が融合した神棚

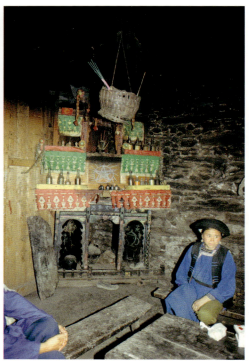

2階の入口反対側にある神棚。中央には「天地君親師」の赤紙を貼る(漢族式)。緑や赤の切り紙はチャン族式

2階の一角を台所として使う。左端に石製の水槽

貯蔵室の猪膘。多いほど富裕であるとされる

豚の餌をつくる

チャン族男性は石積みの技術を代々伝える

家屋の新築には集落の各戸から必ず手伝いをだす

女性は石や砂、草を運ぶ

石を巧みに
はめこむ石工

石灰を塗るコテ

石工が使う木槌と手槌

理県蒲渓郷

土壌が固いため2頭の牛で1本の犂をひいて整地する

山から薪を採ってくる

男性は出稼ぎにいき、女性が農作業を担う

手伝いの女性を雇って茂州サンショウを収穫する

出来高払いで賃金を支払う

山羊を放牧する。かつては各戸が数十匹飼っていたが近年は人出が足りず激減

自家製タバコをつくる

麻糸

居座で布を織る

機織りの道具と麻糸

蒲渓郷の若い女性の晴れ着

伝統的な日常着。頭には白布をまき、青い木綿の長衣を帯でとめ、山羊皮のベストをはおる。脚には脚絆をまく

山羊の毛から糸を縒る

山羊毛で織った長ベスト

男性の伝統的な日常着。木綿か麻の長衣に山羊製のベストをはおる

理県蒲渓郷

ガル
1994

豊作を願う春の祭山会。

❶早朝、小麦粉製の山・地・動物をつくる

❷供物を持ってシピの家から廟へむかう

❸シピと長老が廟で神々の道をつくる

❹シピが羊皮鼓を打ち読経して神々を招く

❺村長を先頭に男性たちが廟を出発して村境を廻る

❻村の境界を巡る

❼集落の水源で水神を祀る

❽大岩の前で供物をささげ、酒をまき、柏香樹を燃やして祀る

❾牛を水で清める

❿牛を犠牲にささげる

⓬シピと長老が新しい酒甕をあけて神々にささげる

⓫牛を解体する

⓭推杵（棒引き）

⓮シピが祖先の移住の歴史を語る

❺移住の物語を村人たちが演じる

❻個別に災いを祓う
儀式を行う

❼ヒトガタを銃で撃って災いを駆遂する

❽全村民で共食する

理県蒲渓郷

❶小麦粉で供物をつくる

❷供物。麦わらの馬、小麦製の山地など

羌年
1993

収穫を祝う
秋の祭山会。

❸経文を唱えながら、種子を天にまく

❹読経

❺シピの舞い

❻シピが羊皮鼓舞を演ずる

❼シピの弟子の羊皮鼓舞

❾チンクー酒をまいて神にささげる

❽羊皮鼓舞

❿男性の鍋庄舞

⓫門神を祀る

⓬小学校の裏に新設された廟

山神

理県蒲渓郷　79

被災
2008

プレハブで学ぶ就学前児童。小学生は対口支援の湖南省に集団避難

被災当日は全村民が小学校の校庭で一夜をあかした

屋上や2階の床がぬけおち、亀裂が入った碉房

自前の仮設小屋

仮設の村民委員会

● 河壩村｜1993

青苗会

農暦7月7日に、玉皇太帝、山神、
東岳大士、青苗土地神を祀る

戸ごとに廟に行って線香をあげ、供物をささげる

一族で山羊の煮込みを共食
男性たちと女性・子供は
分かれて座す

理県蒲渓郷

理県甘堡郷 熊耳村 | 2002

熊耳村は文化大革命期に労働改造農場として開かれ、
1980年代以降、跡地に蒲渓郷などから住民が移住してきた。

シピが羊皮鼓を叩きながら踊る

主な作物はトウモロコシ。恒常的な水不足のため
生活、生産とも厳しい

病を治療するシピ

神に線香をあげる

羊皮鼓を叩く

病の原因をさぐる

理県〜小金県 | 2002

高地でテントに泊まって漢方薬材を採集する

採集した漢方薬材を出荷用にまとめる

採集の合間に竹籠を編む

3000ｍ以上の高地ではヤクが荷物を運ぶ

伐採した材木を
山上から滑りおとす

材木を集めて市場に運ぶ

理県桃坪郷 桃坪村 | 2008　地下水路が巡る要塞型民俗観光村。

2つの石碉。住居として使用されていた

被災

隣りあう家屋は2階が連結され巷道をつくる

被災した碉房は伝統工法で修復

神棚と囲炉裏のある居間

石碉の各階は梁と木板でしきられ、直に地下へぬけられる

竈のある台所

側面の石壁は厚さ約1m。2階以上の各階に縦横数10cmの小窓がある

密集した家屋の間をめぐる地下道

地下道の下を水路が巡る

泰山石敢当

理県桃坪郷

邛崍市油搾郷 直台村 | 2012

2009年10月、汶川県龍渓郷のチャン族800余名は青川県の漢族400余名とともに邛崍市の旧監獄茶廠の跡地に移住。政府主導の全村型移住の中で最遠かつ最大規模。新直台村は海抜1200ｍ、117戸、435人（2011）。

移住

小都市型の新直台村

電気、ガス、水道が完備しているが、日常は屋外の簡易竈を使う

政府が奨励した茶とキウイフルーツは
3年間ほとんど収穫がない

老人と子供以外はほとんどが出稼ぎにでている

羌繍

獣骨や銀牌をつけたシピの帽子

白紙をつけた羊皮鼓　　　シピの法刀

シピの杖と帽子　　　　　　　　シピの占卦子

分家の宴　　　　　　　　　　　新居の神棚

❶2012年農暦10月1日
老人たちが村民からの募金で自主的に羌年を行う

❷羊皮鼓、白旗、鶏等を準備する

羌年

❸村の入口に新設された山神廟にむかう

❹旧村から運んできた白石で表された神々

❺シピが羊皮鼓を叩きながら経文を唱える

❻鶏血と鶏毛を廟や白石に塗りシピが経文を唱える

❼鶏をさばいて煮込み、宴の準備をする

❽共食する

❾羌年を見にきた隣村の漢族に酒をふるまう

❿広場の後かたづけを行う長老組

邛崍市油榨郷　89

邛崍市南宝郷 | 2012

● 木梯村

海抜1500m、28戸、116人（2011）。
全村民が茶畑を江南雪茶廠に貸しだし、
民俗観光村としての発展をめざす。

民俗観光村の入口に立つ碉楼型門

寄付で新設された碉楼

広場の祭祀塔

羌繍で現金収入を得る

子供の世話をする老人

竹籠をつくって売る

高名なGシピ。移住後はシピの仕事の依頼はほとんどない

Gシピ家の神棚と法具

● 金花村

海抜1600m、31戸、123人（2011）。
茶畑はすべて江南雪茶廠に貸しだした。
主な収入源は青壮年の出稼ぎによる。

村には老人と子供が残る

無償で分配された
新築家屋

邛崍市南宝郷

汶川県県城(威州鎮) | 2010

復興

新汶川博物館

県城の入口に建てられた大禹像

新設された商業区。空き店舗が多い

最先端の機器を備えた汶川第一小学校

● 汶川県威州鎮 布瓦村布瓦寨｜2010

布瓦寨は国家5A級旅遊区。省内唯一の黄土の土楼群がある

黄土の土碉（国家級重点文物）

復興

観光用に修復された家屋

伝統の工法で修復

夫は漢族。民国期以来、漢族男性の婿入は少なくない

伝統家屋の居間兼台所。
豚の腸詰めや猪膘が天井からさがる

汶川県県城・威州鎮　93

● 汶川県映秀鎮 | 2008

2008年汶川地震、震源地の映秀鎮では人口1万2千人のうち約9割が犠牲となった。

| 被災と復興 |

壊滅した旧映秀鎮

復興のスローガン「3年で以前の生活水準までもどし、5年で発展させ、10年で余裕のある暮らしをする」

幹線道路沿いの避難区

地滑りで遮断された
都江堰―汶川県県城の幹線道路

広東省東莞市の対口支援で再建された新映秀鎮（2010）

別荘型家屋が並ぶ新映秀鎮居住区（2010）

● 汶川県綿虒鎮 羌鋒村 │ 2010

羌鋒村（西羌第一村）は国家5A級旅遊区。石碉は数百年の歴史をもつ。

復興

対口支援に感謝する刺繍

国家級「中国民間芸術の郷―羌繍の郷」に
認定されている

● 汶川県雁門郷
蘿蔔寨村 ｜ 1991, 2008, 2010

老人の多くが喫煙の習慣をもつ

1991

家屋や壁は黄土と石でつくられている

麻茎を口で裂いて麻糸を紡ぐ

麻を栽培し
茎を乾燥させる

伝統的な女性の日常着

被災
2008.9

畑に建てられた仮設住宅
旧村は再建不能で地震遺跡とされた

トウモロコシの皮をむく

被災の年に収穫されたトウモロコシ

汶川県雁門郷

旧村から薪を運ぶ

水桶で物を運ぶ

家事を手伝う子供

山で薪を集める

ジャガイモを運ぶ

再建
2010

旧村から約1km離れた畑地に再建された新村。
各戸に家族数に応じた広さの平屋が分配された。

石碉を新設して羌族民俗村として再出発

観光客用の羌繍をつくる女性

修復された川主廟

2階を建て増した農家楽（農家民宿）。週末には成都などの都市民が多く訪れる

特産の自家製猪膘（燻製肉）　簡素化された神棚

汶川県雁門郷

汶川県龍渓郷 | 1989

海抜1500〜2800m。龍渓溝上流の6村には伝来のシピ文化が残る。

天水を利用した山腹斜面の棚田

竹縄と木板でできた索橋

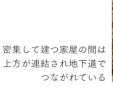

密集して建つ家屋の間は
上方が連結され地下道で
つながれている

冬用に薪と乾燥草を積みあげる

水を引く

背負子・背負籠

汶川県龍渓郷

● 龍渓村 | 2008, 2010

被災で家屋が倒壊し水源が枯れた

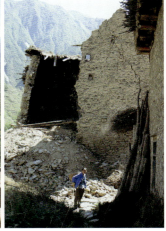

半倒壊し屋根がおちた家屋

被災・復興

土産用の羌繍をつくって現金収入を得る

茂汶リンゴの収穫量は減少したが
仲買人が例年通り買い付けにきた

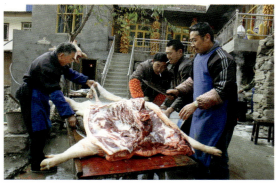

春節前に豚を屠り1年分の猪膘や猪油をつくる

● 阿爾村・羌人谷 | 2010

高山部の阿爾村では
複数のシピが
シピ文化を伝える。

再建

被災で家碉や碉房にも
亀裂が入った
（阿爾村）

入口の東門口に新設された
5A観光区の「羌人谷」

羌人谷の五神廟。大禹や共工氏、神農氏等の像が
チャン族の神々として紹介されている

広東省湛江市の対口支援で再建された
龍渓郷完全小学校（三座磨村）

汶川県龍渓郷

● 北川羌族自治県旧県城 | 2008, 2009, 2016

被災2カ月後の北川県旧県城。常住人口約3万人のうち、死者・行方不明者は約2万人。再建不能とされ、南に約20km離れた永昌鎮（旧安県安昌鎮郊外）に新県城が建設された。

被災
2008

復興
2009

整備された旧県城

再建された桂渓中学校（桂渓郷）

曲山鎮の避難区で雑貨を売って収入を得る被災民

地震遺跡
2016

旧県城跡の地震遺跡入口

旧商業施設

校舎が倒壊し多数の児童が亡くなった曲山小学校

上部の写真は被災前の曲山小学校

名門「北川中学」はおから工事で5階建ての校舎が倒壊、多くの学生と教職員が生き埋めとなり、1000人以上が犠牲となった

地震遺跡周辺には地震博物館や地震体験館、遺跡観光センターが新設され、土産店や飲食店が並ぶ。地震遺跡までは専用車で往復する

北川羌族自治県擂鼓鎮 吉娜羌寨 | 2009

観光開発

吉娜はチャン族の女神の名。漢族の村であったが被災後、羌文化復興のモデル村として石碉や碉房が新設されてチャン族の村に一変した

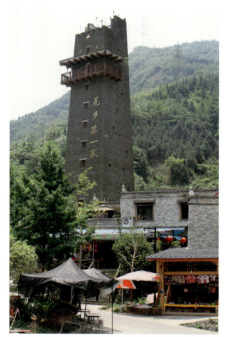

吉娜羌寨。2010年5月1日旧県城地震遺跡が公開されてから観光客が増加した（2016）

地産地消型のチャン族農家楽

九寨溝観光ルートの沿線に建てられたチャン族式家屋

● 北川羌族自治県禹里鎮 | 2016

民国期の北川県県城。
大禹の故郷ともいわれる。
被災後住民の移住で人口が1/3に激減。

民国期の街並みが残る

抗日戦争時の石碑

1991年に建てられた大禹記念館は
2016年には革命記念館に変更されていた

● 北川羌族自治県新県城(永昌鎮) | 2016

2011年2月1日山東省の対口支援をうけて近代的な新県城が誕生。
北川羌族民俗博物館や商業街等があり、週末には観光客でにぎわう。
常住人口は旧県城より少なく空家が目立つ。

巴拿恰商業歩行街

禹王橋

● 北川県青片羌族蔵族郷 上五村 | 1991

上五村は海抜2千数百mの峡谷にあり、独特の木造の「吊脚楼」がある。

瓦葺きの木造家屋

青片チャン族の一家

石壁の上の小塔と白石
山上には石碉跡や
祭祀塔跡がある

平武県平通鎮 牛飛村 | 2016

かつてはなかった石碉が新設され、石造り風の家屋が並ぶ。

> 復興

村規民約三字経

住民の多くが出稼ぎにでており、村内には人影がない

憲法石

● 松潘県小姓郷 | 2016

● 旧小姓村　　小姓郷はチャン族居住区の最北端で、チベット族と共住し、
　　　　　　　チベット教を受けいれるなど、その影響が多方面にみられる。

木造2階建ての家屋。1階は畜舎、2階に人が住む

鉄三脚を置く囲炉裏のある居間、伝来の神棚がある

2階の居間の反対側にチベット仏教の神棚を置いた部屋がある。倉庫も兼ねる

● **新小姓村**　近年、旧村の住民は放牧戸以外のほとんどが河谷の郷政府所在地に移住。

15歳の成人の時に
つくるもの

老人、子供、女性以外は
出稼ぎにでている

● **松潘県県城（進安鎮）**　| 2016

旧松州。漢蔵貿易のチベット側窓口。
観光開発がすすむ。

城内の橋上で季節のキノコ類を観光客に売る

県城近くの道路で野菜を
出荷する女性たち

城門のイルミネーション

● 黒水県瓦鉢梁子郷 瓦鉢村 | 1989, 2016

| 1989 | 瓦鉢梁子郷は平均海抜2900m。夏は30度以上、冬は－20度を下まわり、1日の気温差も大きく、山谷の勾配が急で生活は厳しい。

板で屋根を葺いた碉房

石積み3階建ての
碉房

民族服を着た子供たち

白石と竹枝を奉じた屋上のナヘシ ▶

黒水県瓦鉢梁子郷

チンクー麦を刈る

連枷で脱穀する

脱穀したチンクー麦を干す

藁製の背当と綱で水桶を背負う

山上の草場で牛や山羊を放牧する

山羊を飼う

伝来の火縄銃

木材を運ぶ

火葬
2016

住民は、老人と子供以外のほとんどが出稼ぎにいくが、葬儀には必ず村にもどって手伝う。

❶2016年5月40代の男性が亡くなった

❷死者の母を慰める弔問客。死者よりも上の世代は葬儀に参列することができない

❸母方の実家から贈られた饃饃

❹弔問に来た親戚に食事をだす

❺遺族側が弔問客のために準備した猪膘と饃饃

❻遺体は部屋の一角に座して安置される
通夜の前に遺体に別れを告げる親族の女性たち

❼紙銭を焼く

❽手伝いの村人に乾麺と菓子、酒を配る

❾死者の親族の名前を読みあげて孝布を配る。通夜では男性たちが送魂歌を唱える

黒水県瓦鉢梁子郷

❿火葬当日の朝、親族が死者の朝食用の食料を持ってくる

⓫葬儀用の旗や花輪、供物を準備する

⓬死者のための対聯を書く

⓭各戸が火葬用の薪を背負って火葬場へ運ぶ

❶❹遺体を火葬場まで運ぶ路を鶏血で清める

❶❺遺体を置く小屋を火葬場まで運ぶ

❶❻遺族が火葬場に行って紙銭を燃やす

❶❼遺族と村の男性たちが供物を火葬場に運ぶ

黒水県瓦鉢梁子郷

⓭椅子に座した遺体をそのまま背負って火葬場に運ぶ

⓮女性たちが遺体と最後の別れをする。女性は火葬中には遺体の小屋に近づくことができない

❷⓿舅舅（母方のおじ）が死者を讃える言葉をのべる

❷❶村の男性たちが火葬を行う

黒水県色爾古郷 色爾古村 | 1991, 2016

黒水河下流の山腹にある色爾古村は111戸、479人で全員がチベット族（1990）。
かつては、漢族のアヘン商人がよく来たため、各戸は漢族式の姓をもち、男性は四川語を話す。

入口の上部に貼られた避邪文

1991

山神菩薩廟。正月9・15日、6月27日に全村で祀る

廟内の壁画。黒水人はボン教を信仰する

麓に碉房が密集して並び、背後の山腹に山神菩薩廟がある

隣接する碉房は2階でつながり、小道の横を水路が巡る

2016

碉房の屋上には中央にナサがあり、四隅に白石を置く

屋上のナサ

新しい居間に置かれた旧来の神棚

黒水県色爾古郷

● 黒水県麻窩郷 西爾村 | 2016

麻窩郷は海抜2500〜3500 m。
かつては蘇永和大頭人の衛門（役所）があり、
黒水の政治の中心であった。

糸を縒る

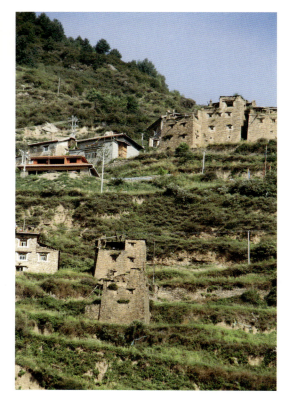

チベット仏教ニンマ派の神棚

山頂から河谷に移住して建設された新村

山腹の旧村（河谷から小黒水の知木林郷に上る途中）
山腹の村の多くが全村をあげて河谷部や県城周辺に移住

茨木林新村。山頂から移ってきた
住民の現代的家屋が並ぶ

黒水県県城周辺 | 1995

碉房の屋上には中央に竹をさし、白石を置く小塔があり四方に白石を置く

麦を収穫する

糸を縒る

馬爾康縣松崗鎮松崗官寨

四川チベット族

ギャロン・チベット族

◆ 理県上孟郷 | 1995

上孟郷は薛城（旧県城）から孟董溝に沿って20km上流の山間に位置し、緑葉、塔斯、日京、日波、木尼の5つの村からなる。

塔斯村（郷人民政府所在地）

四世同堂（4世代同居）。漢方薬材が豊富で生活には余裕がある

2月の祭山会。丘の大樹の下にある祭祀台で山神を祀る
左：柏香樹を燃やす村民の代表　中：竹と旗がさされた祭祀台　右：広場に集合した村民

4・5階建ての伝統的な碉房。最上階に経堂がある

2階の貯蔵室。
毎年正月前に豚を数頭屠り猪膘（豚の乾燥肉）・香腸（腸詰め）をつくる

2階の隅に石製水槽、運搬具を置く

1階入口　チベット仏教の神符と門神画

2階の居間。中央に囲炉裏があり入口の反対側の隅に神棚を置く

神棚には赤黄緑の切り紙を貼るチャン族の神棚に似ている

2階の経堂

ラマが小麦粉で供物の動物や山などをつくる

屋上でラマが種子をまきながら読経

毎日経堂で読経する

1階が畜舎、2階が人の居室、3階が経堂

◆ 塔斯村 | 1995

> 廟会

チベット仏教ニンマ派の
ガンガン寺で行われた
春節時の廟会。

廟内で読経

書庫に収められた
チベット仏教経典

高位のラマが広場に登場

タンカを掛ける

ラマが踊りを奉納

若いラマの踊り

駆邪の儀式　❶踊り

❷魔物を刀で切り刻む

春節

ラマが村民の頭にふれて祝福を与える

高位のラマが村民を祝福する

上孟ギャロン・チベット族女性の正装

龍踊りと童子

村民の獅子舞隊が
ラマに挨拶する

獅子

猴子（孫悟空）

婚礼

❶ 新婦家

鍋庄舞を踊る

年長の参会者にハタ（白布）をささげる

まず神々に酒をささげ、その後人々が飲む

チンクー酒を飲む

新婦側の親戚友人、村人をもてなす

ギャロン・チベット族｜理県上孟郷

舅舅（母方のおじ）が神にハタをささげる

神棚前に両親が立ち、娘と別れの式を行う

新婦が泣きながら
２階から下りてくる

新婦が泣いて
家族と別れをおしむ

ギャロン・チベット族｜理県上孟郷

神棚「天地国親師」に新婦が持っていく
米、猪膠、麺、糸などをささげる

双親のいる円満な家庭の
男児が米袋を背負う

米を背負った男児が新婦一行を先導する

新婦が泣きながら実家をでる

数名の陪娘（付き添いの女性）が新婦につき従う

道中、住民から酒や点心の接待をうける

ギャロン・チベット族｜理県上孟郷

❷ 新郎家

新郎家の神棚

新婦一行が新郎家に到着してもてなしをうける

新郎家に到着した新婦一行。男女に分かれて座す

新郎家での婚礼

新郎が祖先を拝する

新夫婦が新郎の両親を拝する

葬儀

❶舅舅が死者を讃え、出棺

❷複数のラマが読経

❸墓地にむかって出発

❹泣きくずれる遺族

❺墓地で遺族が
　ラマに叩頭する

❻遺族が死者と
　共食する

❼墓地を清める

❽墓穴を掘る

ギャロン・チベット族｜理県上孟郷

❾墓穴に酒を注いで清める

❿墓穴に棺桶を運ぶ

⓫棺桶を土中に埋める

⓬幟をたてる

❸墳墓にむかって叩頭する

❹故人に別れをつげる

❻弔問客をもてなす宴の食事

❺ラマが読経するなか
　柏香樹を燃やして
　故人をおくる

ギャロン・チベット族｜理県上孟郷

◆ 馬爾康県松崗鎮　│ 1990, 2015

◆ 松崗官寨

1990

空洞が広がって崩れかけた2本の石碉

官寨の民家

官寨の老婆

石碉内部

2015

修復された石碉

官寨の家屋はすべて政府に買いあげられ
観光村開設の準備が進む

文化大革命で焼かれた山腹の廟も再建された

農家楽のチベット式居間

農家楽の食事。自家製の猪膘、ジャガイモ、山菜料理など　　　1980年代に山腹から麓に移住し農家楽を経営する夫婦

◆ 直波村 │ 1990, 2015

松崗官寨の対岸に位置し、
2つの石碉とチベット仏教
寺院がある旧松崗土司領

空洞ができた多角石碉

1990

板屋根と木材の走廊がある碉房

四角碉

25年後の直波村。石碉周辺には新しい碉房が建つ

2015

碉房屋上の塔。毎朝柏香樹を燃やして山神を祀る

碉房を新築する

梭磨土司直轄のチベット仏教寺院

村内掃除に出る女性たち

ギャロン・チベット族｜馬爾康県松崗鎮　153

◆ 馬爾康県卓克基郷　卓克基官寨・西索村 ｜ 1990, 2015

1990

1902年、16代卓克基土司・索観瀛が建造
1935～36年、毛沢東、朱徳ら紅軍が駐留
大火災に遭い、1938～40年再建

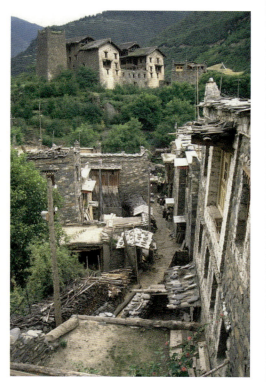

西索村から見た官寨

2015

卓克基土司
夫婦

土司の執務室

官寨の内部は5階建て。1階は台所と倉庫、
2階は執務室のある公的空間、3階は土司および
家族の居室、4階に経堂、5階は眺望台

1988年国家級文化遺産に登録されて観光開発が進んだ

民俗観光村として整備された西索村

多くの民家が蔵家楽（チベット式民宿）を経営

新設のホテル区

◆ 丹巴県梭坡郷 莫洛村 | 2015

丹巴県は「千碉の国」といわれ、石碉が最も多く最も密集する。
343基（346、562ともいわれる）が現存し、梭坡郷には最多の116基の古碉が残る。

莫洛村の入口にそびえる3基の石碉

八角碉
（1160〜1300年建造）

高山部の碉楼群

村民が経費と人力
を出して観光客用
の道路をつくる

一家で蔵家楽を
経営する

最も高い四角碉
（1270〜1410年建造）

靠房型碉楼　家碉と碉房を別々に建てる

家碉と碉房の連結部分

防御のために入口は2階にある

靠房型の独立した石碉には
碉神が宿る

碉房の最上階にある経堂。ボン教の壁画がある

居間の中央には囲炉裏と鉄鍋がある

石を積みあげた家屋内部

奶茶（バター茶）をつくる用具

ギャロン・チベット族｜丹巴県梭坡郷

◆ 丹巴県中路郷 克格依村 ｜ 2015

中路郷は土地が肥え水源が豊富で富裕。
77基の石碉が残る。

中路村には66基の石碉が現存する

康波古碉の屋上にある祭祀塔

康波古碉楼　家碉と碉房と接続する

碉楼の階にかかる独木梯

経堂

ギャロン・チベット族｜丹巴県中路郷

「鎮塞石」とよばれるS家の石碉

S家の経堂

経堂内部

村内で最も成功したS家の農家楽

食糧や銀、アヘンを貯蔵した屋内の校倉型倉庫

碉房をつくる石工

省級伝承人の石工(基卡依村)

近年の碉房と碉楼

ギャロン・チベット族｜丹巴県中路郷

石棺葬が発掘された崖

散歩する老婦人

石棺葬

ボン教寺院の壁画

ボン教寺院。常住のラマはいない

ボン教寺院内部

◆ 丹巴県聶呷郷 | 2015

2002年から丹巴県観光局は「古碉、蔵寨、美人谷」のスローガンをたてて観光開発を奨励し、甲居村は中国で最も美しい古鎮に選ばれた。

◆ 甲居一村

黒と白にぬりわけられた眺望碉

屋上の四方の白石に神々が宿る

家碉と碉房

甲居村で最初に蔵家楽をはじめた BS 家

手伝いに雇われた近隣農家の女性

BS 家の蔵家楽は外観も内装もチベット式で客数30人前後の小規模経営

近年客数100名を超える大規模蔵家楽が出現し、汚水のたれ流しなどの環境汚染が問題となっている

ギャロン・チベット族｜丹巴県聶呷郷

◆ 甲居二村

山腹の蔵家楽

チベット式に装飾した入口

毛沢東らの写真とチベット式家具のある客室

主人が作った歌詞

屋上の四方の白石に神々を迎える

碉楼の1階。壁は毎年春節前に白と黒に塗りわける。囲炉裏には3本の石柱をおき五徳とする

自家製の猪膘（豚肉の燻製）

ギャロン・チベット族｜丹巴県聶呷郷

◆ 甲居口

巴旺土司の軍碉。民国期に中国工農紅軍第五軍団が駐留した

将校の居室

中庭の軒下に仮設された兵士の寝床

金川事変の時に建てられた13層の防御碉

経堂

地下道

◆ 康定県六巴郷〜麦崩郷 | 1994

ギャロン・チベット族独特の板橋

麦の収穫

牛や山羊を放牧する

河の水を飲料や日常用水に使う

養蜂

窓枠を白く塗った碉房

草地にあるギャロン・チベット族の集落

草地にテントをはって放牧する

ギャロン・チベット族｜康定県六巴郷〜麦崩郷

◆ 丹巴県巴底郷～金川県馬爾邦郷 | 1997

| 石碉 | 丹巴県の石碉は2006年に国家級文物保護単位に認定された。明清期に建造されたものが多い。 |

軍碉

寨碉

軍碉

家碉

寨碉

寨碉

寨碉

軍碉

ギャロン・チベット族｜丹巴県巴底郷〜金川県馬爾邦郷

軍碉

軍碉

家碉

寨碉

◆ 馬爾康県県城〜丹巴県 | 2015

馬爾康県県城

巴旺官寨

馬爾康県県城の民家

丹巴県県城近くのボン教寺院

軍碉

家碉と碉房

軍碉

家碉。屋上の四方に白石を置いて神々を招く

眺望碉

寨碉

家碉と碉房

伝統の家碉と新しい民家

ギャロン・チベット族｜馬爾康県県城〜丹巴県　179

家碉

河岸の山腹斜面に新旧の碉房が並ぶ集落

旧来の碉房と新しい民家。ともに屋上の四方に白石を置いて神々を迎える

碉房式の基層と合体した
チベット仏教寺院

屋上にルンタが
はためく碉房

碉楼型のチベット仏教寺院

ギャロン・チベット族｜馬爾康県県城〜丹巴県

白馬チベット族

◆ **平武県白馬蔵族郷**
羅通壩村 ｜ 1991

集落は涪江の上流、海抜2千数百mの峡谷にある。周辺の山は漢方薬材の宝庫。

春節

ヤクを放牧する

木板と土石の壁でつくる3階建ての家屋。1階は畜舎、2階は人が暮らす

2階は中央に囲炉裏があり、五徳を置く。傍らで女性が麻糸を縒り、綿羊の毛を紡錘に巻きとる

正月朝の初水汲み

年長者に敬酒
男女が歌で応答する

羽つきの白いフェルト帽をかぶり、色鮮やかな上衣と黒のプリーツスカートを身につける

白馬チベット族｜平武県白馬蔵族郷

正月五日の夜。ペモ（シャーマン）による鬼払いがはじまる。広場の隅に祭場を設けペモが羊皮鼓を打ちながら朝まで読経する

未明に5人の「ツォゲ」（「曹蓋」）が登場。鬼面をかぶり羊皮をつけ、手に木刀を持って踊る。危害を加える「鬼」を外に導きだす

広場では酒を飲みながら男女が焚火のまわりで「スサダ」（圓圓舞）を踊る

ツォゲは未明まで数回登場

ツォゲが若者たちと踊る
ツォゲ役の若者の腰部は前部が男性器、後部がしっぽを表す

白馬チベット族｜平武県白馬蔵族郷

老ペモが読経
最高位の山神白馬老爺の
神から順に神々を招く

ペモに招かれた神の
依代「ング」。神に
ささげる鶏も表す

山羊の喉を切断して血を
チンクー麦にたらす

山羊を犠牲にして
血を麦にたらし肉
を共食する

老ペモが鶏を真似て踊る

ングを持つ男が山にはいり神送りをする
村人は男の背に穀物をなげる

山上の大樹の下にングを置いて祀る

白馬チベット族｜平武県白馬蔵族郷

「ング」の神送りがおわるとシピとツォゲが各戸を
まわって鬼払いをする。ツォゲが囲炉裏まわりを踊
りながら3回まわった後、ペモが杖で床を激しくつ
きながら囲炉裏をまわり、神棚前で読経する

呪符をもって先導する
ツォゲ

酒を飲んで休むツォゲ役の若者たち

村の東西の入口で大石に呪符をはって鬼を駆逐する

大石の前で柏香樹を燃やして読経し鬼が再び村に侵入するのを防ぐ

儀式終了後、娘たちはツォゲ役にとびかかり服を脱がせようとする

鬼面に酒を吹きかけて清める

木座村のツォゲ面
文化大革命の難を逃れて一枚だけ残る古い型

家の門口に掛けた動物相のツォゲ面
外部から災いが侵入するのを防ぐ

ツォゲ面には男女の別がある
牙の長いのが男性、短いのが女性

ツォゲ面の表面と裏面

白馬チベット族｜平武県白馬蔵族郷

神棚の白地の切り絵

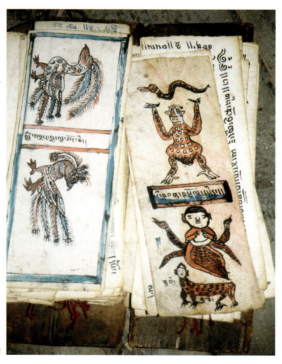

ペモの経典に描かれた絵

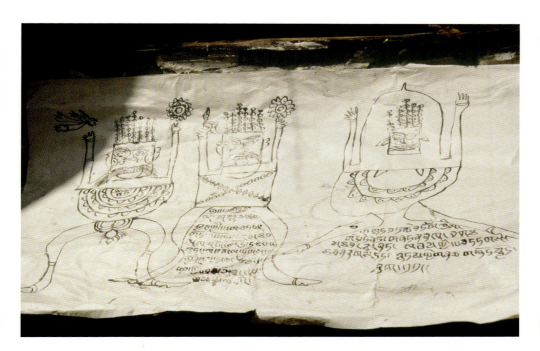

呪符。絵と祈祷の文字が記されている

◆ 南坪県勿角郷 下甘座村 | 1991

南坪県の白馬チベット族の春節にはツォゲは登場せず、「十二相」(動物面をつける舞)が鬼払いを行う。下甘座村に招かれた下勿角村の十二相。

春節

下勿角には獅子、牛、龍、豹、虎、蛇、鶏の7面、大鬼と小鬼(男女)のあわせて11面が残る

十二相の踊りは、ブータンのツチェ(チベット仏教の法会)に登場する動物面の舞踊ケチャムに似ている

十二相は獅子を先頭に各戸の居間にはいり、太鼓銅鑼の音にあわせて囲炉裏まわりを左にまわって踊る

十二相の鬼払いでは鬼が先導して全戸をまわる

下甘座村の女性の民族衣装

家々をまわる十二相

ナムイ・チベット族

◆ 冕寧県聯合郷 | 2004

4つの行政村に漢族とチベット族、イ族がそれぞれ集落を形成して住みわける。

◆ 庄子村

庄子村は聯合郷人民政府所在地。麓にあり漢族が80％以上を占める。

水力発電所の建設が進む雅礱江

庄子村の水力発電所である錦屛電站、磨房溝電站の建設準備もはじまった

庄子村では道路が整備され、発電所建設ブームで外来人口が増えて銀行の支社や旅館、飲食店が開店した

山腹の村への物資の運搬は馬による

聯合郷完全小学校

小学校の校舎

山腹の村の児童は月〜金を寄宿舎で暮らす

寄宿舎

◆ 木耳村

木耳村は海抜2千数百m、麓から歩いて3〜4時間登った山腹に位置する。6つの組のうち、1、4、5組にナムイ・チベット族、2、3、6組にイ族が暮らす。1組では全16戸のうち、2003年までにほとんどが山を下りた。

家屋は石積み瓦屋根。トウモロコシやジャガイモを栽培する自給自足的農業を行い、青壮年の多くは出稼ぎにでる

共同の水場

入口の上方に神の石JOをおき、大晦日や外出時、冠婚葬祭時に鶏の血と羽をつけて祀る

居間の中央に囲炉裏があり3つの石を置いて煮炊きを行う

経済作物のサンショウ

毎日草を刻んで豚の餌をつくる

台所には竈、石製の水槽がある

ナムイ・チベット族｜冕寧県聯合郷

麦の脱穀作業

整地

麦穂を拾う

上方から落として
実と穂を分ける

サンショウを干す

ジャガイモを
貯蔵する

一族が集まって豚の解体作業を行う

家畜用の餌を
つくる

ナムイ・チベット族｜冕寧県聯合郷

糸を繰る

日常にも民族衣装を着る

聯合ナムイ男女の
民族衣装。すべて
母親がつくる

既婚女性の民族衣装
頭飾や服の形にイ族
の影響がみられる

五徳の三本脚に宿る神々に酒をささげる

松の枝葉を
さした神棚

バター茶をつくる

家庭問題を調停する
木耳村1組の組長

ナムイのパピ（シャーマン）に伝わる絵札の経典

病いを治す

パピの暦書

パピもチベット仏教の方式を使う

聯合ナムイのチベット仏教信仰には土着の信仰との融合がみられる

チベット仏教の法具

ナムイ・チベット族｜冕寧県聯合郷

◆ 九龍県子耳彝族郷 万年村 | 2004

子耳彝族郷は子耳河（雅礱江系）沿いの海抜1800〜2600mの山間にある。
〈西番〉をなのるナムイ・チベット族が集住する。

子耳河（雅礱江系）

山頂の祭祀壇。JO（神を表す石）を置く

子耳彝族郷万年村は海抜2200mの山間にある。
〈西番〉をなのるナムイが暮らす

瓦屋根の碉房

低学年クラスの児童たち

万年村の小学校

牛に犂を牽かせて整地する

豚を飼う

馬で荷を運ぶ

囲炉裏の3本の石は男性祖先神、女性祖先神、家神を表す。食事前には必ず酒をそそいで祀る

客用の食事。米飯と青菜スープ、猪膘とジャガイモの炒めもの

JO を祀る神棚

神棚のタンカ

瓦の上で柏香樹を燃やす

民族衣装を着る

伝統の民族衣装

遺体に着せる装束

頭布を巻く

遺体用の履物

ナムイ・チベット族｜九龍県子耳彝族郷　209

◆ 木里蔵族自治県俄波郷 乾海子村 | 2004

ナムイ・チベット族は冕寧・木里・九龍の三県が交接する
聯合郷、俄波郷、子耳郷等の海抜2千数百mの山間に
集住し、イ族や漢族と住みわける。

特産のクルミを集団で出荷する

馬の背で荷を運び
人は歩いて移動する

俄波郷の水田

斜面を利用した伝統の２階建て碉房
１階は畜舎、２階は庭に面し人が居住する

３世代11人の家族

囲炉裏には３つの石を置く。
竃で調理する

JO（神を表す石）を祀る神棚

ニマチ（45歳）は倮波で唯一のパピ。代々のパピ家系の出身

銅貨と貝殻で占う

代々伝わる占い用の銅貨と貝殻

パピの羊皮鼓

パピに代々伝わる占い用の書

パピに伝わる占い用の巻物

暦書

◆ 石棉県蟹螺蔵族郷 蟹螺堡子 | 2016

蟹螺堡子は海抜1100m、人口約280人のうち90％弱がナムイ・チベット族で、還山鶏節や神の石JOなど伝統的な習俗が残る。

農家楽。週末や農暦8月の還山鶏節に観光客が訪れる

新しい農家楽を建設中

算日子書。沙巴象形文字で記されている

農家楽開設のために準備したチベット式家具

安順郷新場村で2014年に開いた周G（42歳）の農家楽 週末に客がくる

トウモロコシの種をまく

1980年代に建てた家屋

羊皮鼓

羊皮鼓と屋内のJO

家屋の神山側壁の天窓に置かれたJO（神を表す石）

ナムイ・チベット族｜石棉県蟹螺蔵族郷

神山の祖先石 JO。農暦 8 月に JO を祀り還山鶏節を行う

神山での祖先を祀った後、広場の大樹の下で踊る

祖先石 JO

アルス・チベット族

◆ 漢源県県城 | 2016

アルス・チベット族は人口約3万人（2007）。甘洛、越西、漢源（以上東部方言区、自称アルス）、冕寧東部（中部方言区、自称タシュ）、冕寧、木里、九龍（以上西部方言区、自称リル）の各県に居住する。
漢源県のアルスは2700人。

農暦8月の還山鶏節は県城に新設した祭祀壇で行う。中央にJOを置く

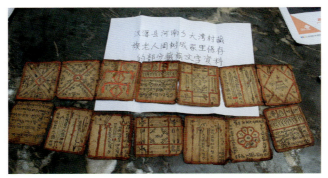

漢源県河南郷大湾村で発見された沙巴象形文字

◆冕寧県和愛蔵族郷 廟頂村 | 2004

廟頂村廟頂堡は海抜3000m超の山頂にある。
アルス・チベット族の西部方言区に属する
リルと自称する人々が住む。

迎客酒を飲む
外来の客

迎客酒をもって客を迎える

歓迎の宴で鍋庄舞を踊る

村の女性と子供たち。右端の老人はヘパ(シャーマン)の伍M

客用の食事は若い男性がつくる

バター茶をつくる

山羊を解体して肉と血、レバーを食べる

宴席は男女別

アルス・チベット族｜冕寧県和愛蔵族郷

トウモロコシの実を石臼で挽く

鶏に餌をやる

穀物の実を選り分ける

伝来の銃の使い方を教える

馬具

男性は出稼ぎ、女性は農作業と家事を担う

上の子が下の子の世話をする

犁も女性が操る

豚の餌の草を集めにいく子供

石臼や背負籠、台所用品

リルはボン教を信じる。
神棚にはJOを置き、壁にタンカを掛ける

屋根上に置かれた神の石JO（神を表す石）

三世同堂（3世代同居）

出稼ぎにいった父を待つ子供たち

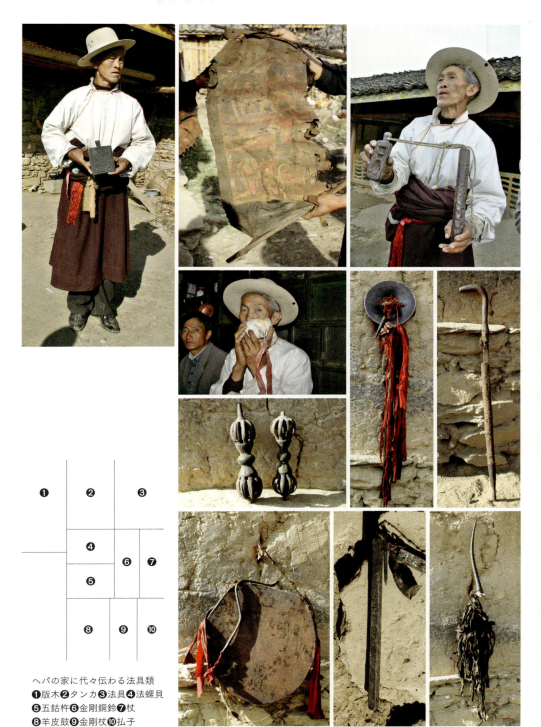

ヘパの家に代々伝わる法具類
❶版木 ❷タンカ ❸法具 ❹法螺貝
❺五鈷杵 ❻金剛銅鈴 ❼杖
❽羊皮鼓 ❾金剛杖 ❿払子

アルス・チベット族｜冕寧県和愛蔵族郷

◆ 冕寧県回坪郷 許家河村 | 2016

冕寧県県城周辺の回坪郷に移住した廟頂堡と拉姑薩の住民。

伍Xはもと拉姑薩の小学校校長。漢族の住居を購入して移住。息子は県城で茶楼を経営

客間にはチベット仏教の仏壇を置き屋外にはルンタを掛ける

左隅にチベット仏教の仏壇がある欧貢巴家の客間

チベット仏教の欧貢巴夢占いで移住先を決めた

田植えをする漢族

廟頂堡のヘパ伍Jの移住先の経堂（横路村）

伍J家の居間の神棚

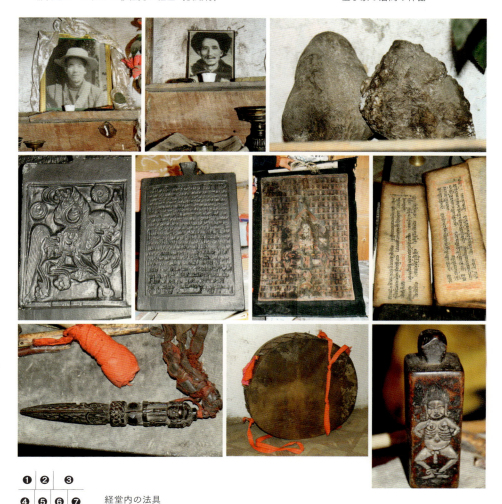

経堂内の法具
❶父（ヘパ、223頁のヘパと同一人物）❷祖父（高名なヘパ）❸ JO（神を表す石）
❹❺版木❻タンカ❼経典❽独鈷杵❾羊皮鼓❿法具

◆ 越西県保安蔵族郷 平原村 ｜ 2016

越西県のアルス・チベット族は人口2277人（1990）。保安蔵族郷平原村は最北部の山間にあり、シュア（シャーマン）の活動やJO（神の石）など伝統的な習俗がよく保持されている。

伝統的な家屋

入口左上方に置かれたJO

JOが祀られた神棚。壁には結婚の時に飾った紅の切り紙がある

入口の左上方のJO
大晦日に鶏毛を
貼って祀る

法螺貝と儀式で使う銅鑼
シュアはチベット文字を学び経典を読む

羊皮鼓をもつシュア（シャーマン）王W

タンカにも鶏毛を貼る

王W家。中央に囲炉裏があり、3つの石を置く　　山上の大樹で還山鶏節を行う。枝に祭祀用の瓦を置く

アルス・チベット族｜越西県保安蔵族郷　　227

採取した漢方薬材を乾燥させる

季節ごとの漢方薬材は重要な現金収入源

婚礼

親戚をもてなす

村人をもてなす流水宴

シュアが紅と緑の
切り紙をつくる

壁に貼られた吉祥を表す切り絵

アルス・チベット族｜越西県保安蔵族郷

嫁迎えの新郎側一行に新婦側の女性たちが水をかける

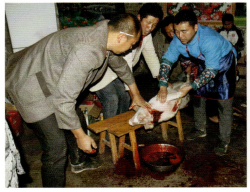
屋内で豚3頭を屠る

親戚の女性に鶏卵を贈る

友人に囲まれた新婦
（21歳・左から2人目）

村人をもてなす

シヒン・チベット族と西番

◆ **木里蔵族自治県水洛郷** │ 2001

水洛郷のチベット族は、ガミ、シヒン、西番に分けられる。

◆ 平翁村（シヒン）　　平翁村平翁組のシヒンは43戸、約460人（2001）。

屋上には祭祀塔があり、毎朝、柏香樹を燃やして山神菩薩を祀る

正装した一家

泥土と石で家屋をつくる

座して布を織る

ダライ・ラマの写真を奉ずる

査西家の丁村長はアーイ（シャーマン）でもある

食事はツァンパとバター茶

チベット仏教を信仰する

シヒン・チベット族と西番｜木里蔵族自治県水洛郷

水洛河に沿って集落が点在する。上流には水洛金鉱がある

山上の道には石を積みあげた塔がいくつもある

馬の背が主な運搬方法

石を積みあげ、上に白石を置いた墳墓

水洛河沿いの丘の上にたつ半壊した石碉

上流には土碉もある

石碉の内部

倒壊しかかった土碉

シヒン・チベット族と西番｜木里蔵族自治県水洛郷

◆ 東拉村（西番）

水洛河上流の斜面にある東拉村都魯組。自称は西番。
トウモロコシと水稲を栽培し、砂金採りで現金収入を得る。

3階建ての碉房

農暦12月9日から13日まで行う伝統の正月「ヲシ」
最終日に全村民が神山の祭祀塔で山神菩薩を祀る

祭祀塔は石を四角柱型に積みあげ
上部には白石を積み竹竿をさす

都魯組の西番

座して布を織る

囲炉裏で饃饃をあたためる。神棚には菩薩画が置かれる上方にバター茶用の団茶がある

西番のシャーマン

プミ・チベット族

◆ **木里蔵族自治県桃巴郷**
桃巴村 │ 2001

桃巴郷は4000mの高峰と木里河（雅礱江系）が形成するV字峡谷地帯にある。平均海抜は2600m。桃巴村は221戸、1140人（2000）。

チベット仏教ゲルク派（黄教）の木里大寺
17世紀半ばに西番プミに伝えられ
深く信仰されている

桃巴村のXZ家は長女、長男、次男それぞれの家族14人が同居する大家族。一般には結婚後数年で分家する

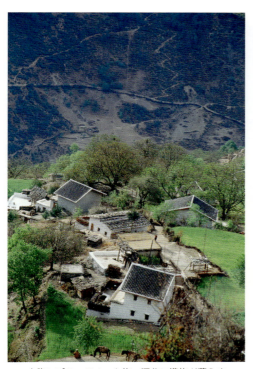

山腹にプミ・チベット族、河谷に漢族が暮らす

毎朝、屋上の祭祀塔で松の枝を燃やして煙をあげ、法螺貝をふいて穀物をまき、経文を唱えて山神菩薩に祈る

屋内の経堂

家屋裏の斜面にも祭祀塔がある

屋内は中央に囲炉裏。囲炉裏の奥にチベット仏教ゲルグ派の仏壇がある

トウモロコシや小麦、チンクー麦を栽培してツァンパやスリマ（酒）用とし、豚を飼ってザガン（乾燥肉）をつくる

日常の食事は饃饃かツァンパ、青菜、猪膘

座して布を織る

プミ・チベット族｜木里蔵族自治県桃巴郷

雲南のプミ族

◆ 蘭坪白族普米族自治県河西郷 箐花村 ｜ 2001

箐花村は307戸、1526人（2000）。ほぼ全員がプミ族。
山間の閉鎖的な環境の中でプミ族の旧来の文化がよく保持されている。

箐花村小学校

家が遠い児童は寄宿舎に入る。村規民約では子供を入学させなかったり中退させた場合には家長に罰金が課せられる

箐花村雑木溝は20戸、114人でみなが耶瑪（楊姓）一族である

内庭のある三合院形式の木造家屋

楊Ｙは次男であるが、
兄弟が県外にいるため
母と同居。２男１女の
６人家族

雲南のプミ族｜蘭坪白族普米族自治県河西郷

囲炉裏のある居住部の床は土間から少し高くつくる

神棚は2階にある

バター茶をつくる

饃饃をつくる

機織の道具

山羊の毛から糸を縒る

頭に籠の布紐をかけて
籠を背負う

野草を煮て豚の餌をつくる

豚は毎年ザガンをつくり、
緊急時には売って現金を得る

雲南のプミ族｜蘭坪白族普米族自治県河西郷　245

小麦やチンクー麦を栽培する

馬の背で荷物を運ぶ

牛や馬を放牧する

祭山

農暦2月に山間の大樹の下で
山神菩薩を祀る

大樹の根本に
供物を供える

鶏をさばいて共食する

鶏の頭骨で占う

雲南のプミ族｜蘭坪白族普米族自治県河西郷

◆ 蘭坪白族普米族自治県県城（金頂鎮） | 2001

❶プミ族の葬式では遺族が一人ずつ死者に拝した後、山羊の心臓を供える

葬儀

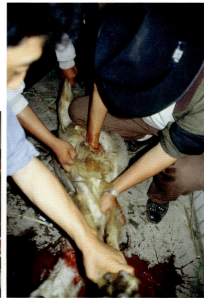

❷山羊は水と穀物をふりかけて殺し、心臓をとりだして遺体に供える

祭壇

❸出棺の時、シピ（シャーマン）が天に向かって矢を放つ

❹花輪を掲げ、供物をもって墓地へむかう

❺遺族が故郷への道を示す白布を掲げて墓地へむかう

❻墓地で供物を並べ
　墓穴を整える

❼墓穴に安置した棺の上を喪主（死者の長男）が踏む

❾弔問客への答礼の宴

雲南のプミ族｜蘭坪白族普米族自治県県城

四川のナシ族

◆ 木里蔵族自治県俄亜納西族郷 俄亜村 ｜ 2007

俄亜村は蘇達河（水洛河系）に面する山腹斜面にある。
平均海抜2100ｍ、4000ｍ級の高峰に囲まれた閉鎖的な環境のなかで
明清時代以来の習俗を残し「活きた化石」ともよばれる。

景観

村を開発した管家の家屋が丘の上に建ち、周辺に碉房が並ぶ。川沿いには複数の水車がみえる

ダバ（シャーマン）のJG

毎日、橋を渡って河むこうの山腹の畑に働きにいく

山腹の畑にむかう子供たち

四川のナシ族｜木里蔵族自治県俄亜納西族郷

家族・住

2階の奥にある校倉造りの倉庫
食糧や銀などを保存

白石が積まれた
屋上の塔

囲炉裏のある場所は土間より数10cm高くつくる

JG家は息子3人の家族と同居。3人の嫁と子供たち

ダバのJGは毎食、囲炉裏の端の石柱に酒をそそいで経文を唱える

四川のナシ族｜木里蔵族自治県俄亜納西族郷

大根や青菜、トウモロコシ、水稲を栽培する

日常に使う水は水源から木製の桶に汲んで運んでくる

トウモロコシの蒸留酒「スリマ」をつくる

トウモロコシ粉製の
饃饃を焼く

囲炉裏の前で食事をする JG に
息子の嫁がひざまずいて
給仕する

日常の食事。トウモロコシの饃饃、青菜、
ザンバ（猪膘）、ツァンパ、スリマ

四川のナシ族｜木里蔵族自治県俄亜納西族郷

お茶をいれる

饃饃をつくる

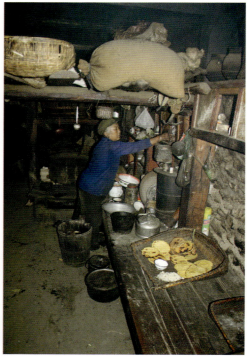

2階の居間の片隅が台所

山羊を殺して血をとる

山羊を解体する

天日乾燥で
つくるザンバ

屋根裏に食糧を保存する

四川のナシ族｜木里蔵族自治県俄亜納西族郷

麻布を織る

麻糸を縒る

糸繰り機

老年男性の日常着

帯を編む

正装した未婚女性

四川のナシ族｜木里蔵族自治県俄亜納西族郷

絵文字で記された占書によって相談に応えるダバ JG

絵文字の占書

神棚上方に祀られた家神

家神はツル製の籠に入れられた木片

囲炉裏の正面の壁には火神ゾンバラを祀る

小鼓と銅鈴をもって踊るダバJG

版木で経文を印刷する

版木

独鈷杵

羊皮鼓

祭山

神山の山腹斜面の祭祀場　祭祀壇が3つある

柏香樹を燃やして煙をあげ、山神を拝する

一番下の祭祀壇で準備をする

祭祀壇には白石、竹竿、ルンタがある

ダバ JG が小刀を揚げ
山神にむかって経文を唱える

参会者の首に紅布を結ぶ

酒をそそいで経文を唱える

食糧をまきながら経文を唱える

全員で山神菩薩に祈る

四川のナシ族｜木里蔵族自治県俄亜納西族郷

雲南のモソ人

◆ 寧蒗彝族自治県永寧郷 落水村 │ 2004

瀘沽湖は東側が四川省で西側が雲南省、雲南側には母系社会を維持するモソ人が暮らす。

三合院形式の
木造家屋

働きに出る
女性たち

チベット仏教
の石積みの塔
オボ

モソの土着信仰であるダバ教のダバ（シャーマン）

モソ社会では女性が家長となって財産を継承する。妻問い婚が行われ、子供は女性側に属し、女性家長とその兄弟が育てる。居間には中央に囲炉裏がきられ、正面の火神ゾンバラにむかって左側に女性家長のベッドを置く

木造の家屋は校倉造り。屋根には竹竿をさす
入口は客人が頭を下げて入るよう低くつくる（1995）

雲南のモソ人｜寧蒗彝族自治県永寧郷

主食のトウモロコシを栽培する。現在は主に豚の飼料

瀘沽湖でとれた魚を仕分ける女性
男性が子供の世話をする

正装した未婚の男女が囲炉裏の前で踊る
観光客向けのショーで演じられる

牛に犁を牽かせて
整地するのは
男性の仕事

| 火葬 |

❶火葬の準備。ラマとダバが屋内で読経

❷弔問客への答礼の宴の準備

❸明け方、馬と旗と松明をもつ若者が先導して遺体を火葬場へ運ぶ

❺火葬場へむかう遺族

❹馬は死者の霊魂を西方へ運ぶ

雲南のモソ人｜寧蒗彝族自治県永寧郷

❻屈した姿勢の遺体をかついで火葬場へ運ぶ

❼火葬場ではラマが経文を唱える

❽遺体のまわりに薪を積み油をかけて点火

❾若いラマが供物を準備する

❿火葬

⓫数時間を経て遺体は灰になる。拾骨はしない

雲南のモソ人｜寧蒗彝族自治県永寧郷　273

雲南のナシ族

◆ 麗江納西族自治県太安郷
汝寒坪村 │ 1995

海抜3100m、131戸、532人（1994）。
清末に汝南村から移住。1940年代には20数名のトンパ（シャーマン）がいた。
農暦2月サンド（ナシ族の英雄）祭など古来の祭祀活動が残る。

三多（サンド）神を祀る

老トンパの踊り

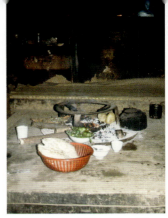

日常の食事。饃饃と青菜の漬物

豚の香腸やザンバ（猪膘）を置く貯蔵庫

屋内には男柱と女柱がある

老親のために準備された棺

２頭の牛に犂を牽かせて土を掘りおこし、整地する

雲南のナシ族｜麗江納西族自治県太安郷

婚礼

新婦家

嫁入り道具を
村人に披露

嫁入り道具一式

新婦一行の女性たちが嫁入り道具を背負って新郎家にむかう

新婦側が村人を
招いて催した宴

◆ 香格里拉県三壩郷 東壩村 | 2004

哈巴雪山(5398 m)の東、
海抜2000 m前後の盆地に
約1万人のナシ族が居住する。

共同水汲み場

屋内の囲炉裏には2つの
五徳と鍋を置く

雲南のナシ族 | 香格里拉県三壩郷

タンカ

トンパ文字の経典

最年長の高名な老トンパ（当時91歳）

トンパの踊り

トンパになるには、1400のトンパ文字を学んで経文をおぼえ、儀式を学び、多種多数の踊りを習得しなければならない

古い校倉造りの家屋に建て増しされた新屋

木材を校倉形式で組みあわせて建てた伝統的な木造家屋

雲南のナシ族｜香格里拉県三壩郷

松岡正子（まつおか まさこ）
1953年長崎県生まれ。愛知大学現代中国学部・同大学院中国研究科教授。早稲田大学大学院博士後期課程単位取得退学。博士（文学）。早稲田大学第一文学部非常勤講師、愛知大学現代中国学部助教授等を経て現職。国立民族学博物館共同研究員。
専門領域：中国文化人類学
主要論著：『中国青蔵高原東部の少数民族 チャン族と四川チベット族』（ゆまに書房、2000）、『四川のチャン族——汶川大地震をのりこえて〔1950-2009〕』（共著、風響社、2010）、「汶川地震後におけるチャン文化の復興と禹羌文化の創出」『近現代中国における民族認識の人類学』（昭和堂、2012）、「羌年の観光資源化をめぐるポリティクス——四川省阿壩蔵族羌族自治州汶川県の直台村と阿爾村の羌年を事例として」『民族文化資源とポリティクス——中国南部地域の分析から』（風響社、2016）

青蔵高原東部のチャン族とチベット族
——2008汶川地震後の再建と開発　　写真篇

2017年3月25日　第1刷発行

著者——松岡正子
発行——株式会社あるむ
　　　〒460-0012 名古屋市中区千代田3-1-12
　　　Tel. 052-332-0861　Fax. 052-332-0862
　　　http://www.arm-p.co.jp　E-mail: arm@a.email.ne.jp
印刷——精版印刷　　製本——渋谷文泉閣

© 2017 Masako Matsuoka　Printed in Japan　ISBN978-4-86333-126-6